Inhalt

Neuer Produkttyp für Privatanleger: Daueremissionen über Internet-Plattformen Coins, Internotes und EuroDANs

Kernthesen

Beitrag

Fallbeispiele

Weiterführende Literatur

Impressum

Neuer Produkttyp für Privatanleger: Daueremissionen über Internet-Plattformen Coins, Internotes und EuroDANs

M.Floßmann

Kernthesen

- Neue Internet-Handelssysteme ermöglichen privaten Investoren Bank-bzw. Unternehmensanleihen europäischer Emittenten direkt bei Emission zu erwerben.
- In Europa werden derzeit drei Plattformen betrieben: Coins von der Deutschen Bank,

Internotes von der amerikanischen Investmentbank Incapital und EuroDANs von der niederländischen ABN Amro.
- Die Papiere werden wöchentlich neu aufgelegt, der Zinssatz jeweils zu Beginn der Woche den Marktbedingungen angepasst.
- Kleine Stückelungen und eine garantierte Zuteilung kommen den Interessen privater Investoren entgegen, den emittierenden Unternehmen bietet sich die Möglichkeit ihren Investorenkreis zu erweitern.
- Noch ist die Auswahl an Daueremissionen gering, gezeichnet werden können derzeit beispielsweise Papiere von der KfW, Landesbank Baden-Württemberg.
- Aufgrund vergleichsweise niedriger Renditen sowie der begrenzten Auswahl an Emittenten wird die Attraktivität der neuen Produkte bereits in Frage gestellt.

Beitrag

Über die in Europa neuen Handelssysteme Coins, Internotes und EuroDANs soll Privatanlegern ein einfacher und vor allem direkter Zugang zu Neuemissionen von Bank- bzw. Unternehmensanleihen ermöglicht werden. Vertrieben werden spezielle Anleiheprodukte, die wöchentlich neu aufgelegt werden. Das Angebot soll primär private Investoren mit mittel- bis langfristiger Anlagestrategie ansprechen.

In den USA gibt es diese Anlageform bereits seit einigen Jahren, angeboten von Internotes, Merrill Lynch und ABN Amro. Das auf diesem Wege platzierte Anleihevolumen betrug im letzten Jahr in den Vereinigten Staaten 27 Milliarden Dollar. (2)

Wie läuft der Erwerb der Papiere ab?

Wöchentlich jeweils am Montag erfolgt die Veröffentlichung der Neuemissionen unter Nennung der Konditionen, die während der Woche fix bleiben. Der Anleger kann, je nach Handelssystem, bis Freitag bzw. Montag der folgenden Woche in Stückelungen von 1000 Euro bzw. 1000 Dollar zeichnen. Das Emissionsvolumen richtet sich nach der Nachfrage, so dass die Zuteilung für den Kunden garantiert ist. (1)

Der Kunde kann am Handel über seine Depotbank teilnehmen, von dieser hängen die anfallenden Spesen ab. Bislang bieten vorwiegend die Vertriebspartner der Plattform-Betreiber die Papiere an. Grundsätzlich kann sich aber jedes Institut registrieren lassen und als Intermediär die Papiere für den Kunden zeichnen.

Derzeit gibt es in Europa drei Handelsplattformen

-Coins (www.coins.db.com), das Internet-Handelssystem der Deutschen Bank.
Die Bezeichnung steht für Continuously Offered Investor Notes. Erhältlich sind neben Titeln der Deutschen Bank seit Januar 2004 auch die KfW Privatpapiere. In Kürze nachziehen sollen Depfa, Banca Intesa und Rabobank. (3)

-Internotes (eu.internotes.com), betrieben von der US-Investmentbank Incapital agiert seit Mai 2003 in Europa. Seitdem wurden über diese Plattform Anleihen im Wert von 160 Millionen Euro vertrieben. Erhältlich sind derzeit in Europa Papiere von Ford, Bank of America und LBBW. (2)

-Die jüngste Emissionsplattform auf europäischer Ebene stellt ABN Amro mit EuroDANs (www.eurodans.com). Die Kurzbezeichnung steht für European Direct Access Notes. Neu auf dem europäischen Markt angeboten wird über dieses Handelssystem ein Anleiheprogramm von General Motors.

Wie Incapital vertreibt auch ABN Amro in den USA bereits mehrere Jahre über diese Schiene Anleihen direkt an den Privatanleger. (5)

Vorteile von Daueremissionen

Kleinanleger werden bislang bei herkömmlichen Anleihe-Neuemissionen kaum berücksichtigt. Sie können die Papiere erst zeitverzögert am Sekundärmarkt mit entsprechenden Kursdifferenzen kaufen, da die Zuteilung in der Regel ausschließlich an institutionelle Investoren erfolgt.
Die neuen Produkte bieten privaten Investoren die direkte Teilnahme und ein einfaches Handling.

Den Interessen privater Investoren entgegenkommen sollten ebenfalls die kleinen Stückelungen, die einfach berechenbare Rendite sowie die garantierte Zuteilung.

Die emittierenden Unternehmen können Daueremissionen als festen Finanzierungs-Bestandteil nutzen und ihre Investorenbasis erweitern.

Kritikpunkte

Die Möglichkeiten des vorzeitigen Verkaufs der Titel ist aufgrund niedriger Volumina der einzelnen Emissionen eingeschränkt. Die Anbieter bzw. kooperierende Banken haben sich jedoch verpflichtet, jederzeit Kurse für einen Verkauf vor Laufzeitende zu stellen. (2)

Die Renditen sind bereits als vergleichsweise niedrig in die Kritik geraten. Beispielsweise bietet die KfW derzeit (Stand 28.01.2004) ein vierjähriges Papier mit einen Zinssatz von 2,75% p.a. an, während eine Bundesanleihe mit gleicher Laufzeit mit einem 3,15%-Kupon ausgestattet ist. Die Anbieter rechtfertigen diese Abschläge mit dem Wegfall von Transaktionskosten sowie dem Zinsänderungsrisiko während der Woche, in der gezeichnet werden kann. (8)

Bemängelt wird auch der Informationsfluss bei den europäischen Handels-Plattformen. Aktuelle Angebots-Daten erhalten bislang nur die als Intermediäre agierenden Depotbanken, während sich interessierte Anleger nicht unmittelbar informieren können. (2)

Fallbeispiele

Beispiele von Papieren die auf den Plattformen Coins, Internotes und EuroDANs angeboten werden:

KfW Privatpapiere (7)
Konditionen der ersten Emissionen über Coins (Januar 2004)
-Ausgabekurs 100%, Laufzeit 3 Jahre, Zinssatz 2,5 % p.a.
-Ausgabekurs 100%, Laufzeit 5 Jahre, Zinssatz 3,1 % p.a.
Rating AAA

Landesbank Baden-Württemberg (2)
Konditionen der ersten Emission über Internotes (Januar 2004)
-Ausgabekurs 100%, Laufzeit 4 Jahre, Zinssatz 3,25%

General Motors (5)
Konditionen der ersten Emissionen über EuroDANs (Februar 2004)
-Ausgabekurs 100%, Laufzeit bis Februar 2007,

Zinssatz 3,625% p.a.
-Ausgabekurs 100%, Laufzeit bis Februar 2009,
Zinssatz 4,25% p.a.
Rating: Moody´s: A3/ S & P: BBB

Nachfrage bislang:

(5)

Ford: 4 bis 5 Mill. Euro pro Woche
LBBW: 4,3 Mill. Euro insgesamt für alle drei begebenen Anleihen
KfW: 7 Mill. Euro in der ersten Woche

Renditevergleich

(8)

KfW: 40 Basispunkte weniger gegenüber Bundesanleihe mit gleicher Laufzeit
Landesbank Baden-Württemberg, General Motors, Ford: 20 bis 50 Basispunkte weniger gegenüber vergleichbaren herkömmlichen Anleihen

Weiterführende Literatur

(1) Leichter Zugriff Emissionen
aus Financial Times Deutschland vom 12.12.2003, Seite 23

(2) LBBW verkauft Anleihe-Emissionen direkt an Privatanleger
aus Frankfurter Allgemeine Zeitung, 06.01.2004, Nr. 4, S. 17

(3) Daueremissionen für Privatanleger über das Internet
aus Frankfurter Allgemeine Zeitung, 12.12.2003, Nr. 289, S. 21

(4) LBBW mischt bei Anleihen für Private mit Kapitalmarktzugang erweitert - Retailern stehen via "Internotes" und "Coins" Anleihen am Primärmarkt offen
aus Börsen-Zeitung, 06.01.2004, Nummer 2, Seite 3

(5) Anleihe-Angebot für Privatanleger wächst ABN bringt General Motors - KfW setzt 7 Mrd. Euro ab
aus Börsen-Zeitung, 27.01.2004, Nummer 17, Seite 3

(6) Anleihen zeichnen wie die Profis - und ganz ohne Risiko NOTES / Mit "Notes" möchten Unternehmen Privatanleger für ihre Anleihen erwärmen: frisch emittierten Zinspapieren ohne Kursrisiko zum Fixpreis.
aus Börse Online vom 02.01.2004, Seite 48

(7) Gries, Lothar, KfW startet Angebot für

Privatanleger, SZ Süddeutsche Zeitung, Ausgabe Deutschland, 20.01.2004, S, 29
aus Börse Online vom 02.01.2004, Seite 48

(8) Mini-Renditen für Mini-Anleihen
aus Frankfurter Allgemeine Zeitung, 28.01.2004, Nr. 23, S. 23

Impressum

Neuer Produkttyp für Privatanleger: Daueremissionen über Internet-Plattformen Coins, Internotes und EuroDANs

Bibliografische Information der deutschen Nationalbibliothek

Die Deutsche Nationalbibliothek verzeichnet diese Publikation in der deutschen Nationalbibliografie; detaillierte bibliografische Daten sind im Internet über http://dnb.d-nb.de abrufbar.

ISBN: 978-3-7379-0544-2

© 2015 GBI-Genios Deutsche Wirtschaftsdatenbank GmbH, Freischützstraße 96, 81927 München, www.genios.de

Alle Rechte vorbehalten. Dieses Werk ist einschließlich aller seiner Teile – z.B. Texte, Tabellen und Grafiken - urheberrechtlich geschützt. Jede Verwertung außerhalb der Grenzen des Urheberrechtsgesetzes bedarf der vorherigen Zustimmung des Verlags. Dies gilt insbesondere auch für auszugsweise Nachdrucke, fotomechanische Vervielfältigungen (Fotokopie/Mikroskopie), Übersetzungen, Auswertungen durch Datenbanken oder ähnliche Einrichtungen und die Einspeicherung und Verarbeitung in elektronischen Systemen.